LE POUVOIR ÉLECTORAL

SOMMAIRE.

POUVOIR CONSTITUANT (Corps constituant ou Corps des citoyens.
— Convention).

POUVOIRS CONSTITUÉS :

POUVOIR ÉLECTORAL (Corps électoral ou Corps des citoyens. —
Assemblées cantonales. — Conseils électoraux départementaux).

POUVOIR LÉGISLATIF (Renouvellement par tête. — Chambre
unique).

POUVOIR EXÉCUTIF (Chef du pouvoir exécutif nommé par l'Assemblée législative et pour un temps illimité) :

Pouvoir administratif;
Pouvoir judiciaire (Cour de cassation. — Juridictions. — Inamovibilité relative. — Nouveau rôle de la magistrature).

PROCÉDURE CONVENTIONNELLE.

Imp. Ch. NOBLET, rue Soufflot, 18.

LE
POUVOIR ÉLECTORAL

PAR

G. F. G.

Prix : 1 franc.

PARIS

LIBRAIRIE DE L. HURTAU

12, GALERIE DE L'ODÉON, 12

1872

LE

POUVOIR ÉLECTORAL

Dans ses lettres politiques, M. Laboulaye a résolu en partie le problème constitutionnel, en démontrant la nécessité d'une séparation radicale entre le pouvoir constituant et les pouvoirs constitués. Mais cet éminent publiciste n'a pas trouvé d'aussi concluantes raisons pour le dédoublement du Corps législatif; cette question reste entière.

« Malheur au pays, dit-il, où le pouvoir législatif s'empare du gouvernement ! C'est l'anarchie avec son terrible cortége. Pour empêcher cet envahissement on n'a encore trouvé qu'un moyen : c'est le partage du Corps législatif. » L'auteur n'a pas une foi inébranlable dans le système qu'il adopte : il s'en contente parce qu'on n'en a pas encore trouvé un meilleur. C'est là ce qu'il dit en termes explicites dans les dernières lignes de l'article consacré aux deux Chambres : « A-t-on quelque chose de mieux à proposer à la France? Qu'on le fasse, afin que l'opinion publique puisse se prononcer. Mais là est la grande difficulté que rencontre une constitution républicaine ; ce n'est pas la résoudre que de la négliger. J'appelle sur ce point l'attention de ceux qui s'inquiètent de notre avenir (1). »

Je réponds à cet appel. Avant de m'essayer à résoudre le problème de la pondération des pouvoirs j'ai longtemps hésité. Cette œuvre est grande et difficile ! Depuis quatre-vingts ans la question de cet équilibre est toujours posée, en dépit de tous les efforts, de toutes les théories et de toute expérience ! Mais je ne dois pas me laisser accabler par l'idée seule de la tâche ingrate que je vais entreprendre. Après bien des irrésolutions, croyant obéir à mon devoir de citoyen, je me décide à livrer aux méditations des penseurs quelques idées que je crois nouvelles sur la pondération des pouvoirs politiques.

Est-il vrai qu'il n'y ait que deux pouvoirs politiques, le législatif et l'exécutif? Qu'est-ce que la

____

(1) *Esquisse d'une constitution républicaine*, 4ᵉ lettre, p. 31. — 6ᵉ lettre, p. 59 et 67. — *Revue des Deux Mondes*, nᵒ du 15 octobre 1871 : *Du Pouvoir constituant.*

souveraineté nationale ? Qu'est-ce que l'électorat ?
Voilà autant de questions auxquelles il est urgent
de répondre.

I

La liberté est le premier droit d'un peuple, et la
défense de ce droit son premier devoir. Par conséquent, le progrès politique a pour fin l'organisation de l'Etat la plus favorable à la liberté.
Quand la philosophie aura trouvé dans l'histoire
des matériaux suffisants pour connaître les règles
fondamentales du gouvernement libre, le temps
des guerres fratricides aura passé sans retour, le
monde entrera dans un âge nouveau. Les soins
du législateur ne se partageront plus alors entre
le perfectionnement politique et le perfectionnement des lois civiles, ou, du moins, le législateur ne sera pas absorbé par la politique comme
de nos jours ; sa pensée presque tout entière se
portera sur l'amélioration des lois ordinaires.
Est-ce là un rêve ? Ne discutons pas là-dessus.
Mais ce qui n'est pas chimérique assurément, c'est
de rechercher la meilleure forme de gouvernement possible à notre époque. Je ne prétends pas
démontrer ce qu'il faudra faire dans un aveni

lointain et imprévu : je me borne à donner mon avis sur ce qu'il faut faire dès aujourd'hui.

J'insiste d'abord sur le fait capital de la liberté des peuples, pour en conclure qu'un peuple a le droit de modifier à son gré les conditions de son organisation politique, et qu'il doit, en dehors de tous les pouvoirs constitués, avoir une puissance particulière destinée à changer ou à refaire le système de son gouvernement.

Occupons-nous de ce pouvoir ou pouvoir constituant. Sera-t-il exercé par le peuple ou par ses représentants ? Dans la théorie des pouvoirs, c'est là un écueil où viennent échouer tous les publicistes.

Le peuple n'est pas le corps des citoyens, mais l'universalité des personnes dans l'Etat. Tous les droits civils ou politiques sont naturels : ils sont les justes développements de la liberté individuelle. Toutes les personnes ont le droit de manifester leur volonté à l'effet de prendre part à la constitution du mécanisme gouvernemental (1); seulement l'exercice de ce droit est éventuel pour chacune.

Remarquez cette distinction entre le droit en principe et le droit en exercice : elle nous servira à passer de l'individu à l'association. Le droit po-

______

(1) Mont., *Esp. des Lois*, t. XI, c. VI. Dans un Etat libre, tout homme qui est censé avoir une âme libre doit être gouverné par lui-même.

litique dont nous avons ici à nous occuper, diffère des autres droits, précisément par cet exercice autant que par son objet. Le critérium de ce droit, c'est qu'il n'est efficace que s'il est exercé en commun et pour un objet nécessaire à la communauté. Mais toute personne n'est pas capable d'exercer son droit par elle-même; il serait impossible de faire voter sans distinction les hommes, les femmes, les enfants, les honnêtes gens, les malfaiteurs, les fous, les sages, les ignorants : partout on a forcément admis certaines incapacités tirées de l'âge du sexe, de la moralité ou de toute autre circonstance. Est-ce à dire que toutes les personnes incapables soient abandonnées sans garantie politique au sein de la société ? Non évidemment ; elles ont des représentants naturels. Ces représentants sont les citoyens, c'est-à-dire les personnes capables d'exercer par elles-mêmes leur droit politique, et qui jouissent, dans le vrai gouvernement ou démocratie, de la magistrature générale ou puissance politique par excellence.

La représentation est donc nécessaire : il est vrai qu'on ne l'a pas bien comprise, et Rousseau pouvait dire avec raison en parlant de la représentation *fictive* : « Les députés du peuple ne sont ni ne peuvent être ses représentants, ils ne sont que des commissaires. — A l'instant qu'un peuple se donne des représentants, il n'est plus libre, il n'est plus ! » Il n'appartient pas au peuple de se donner des représentants : c'est la nature qui les lui donne. L'homme est naturellement sociable, l'Etat est un fait de nature (1) : personne ne changera le lien nécessaire qui enchaîne l'individu à l'Etat. Ce lien, c'est la représentation *naturelle;* la seule vraie, la seule juste, parce que le corps représentant est dans une telle proportion partie intégrante du corps représenté que les intérêts de l'un et ceux de l'autre sont invariablement, indivisiblement les mêmes.

Les représentants du peuple ont le devoir de n'accepter la loi constitutionnelle que si elle reconnaît à tout homme le droit de faire partie du corps des citoyens, quand il est capable d'exercer son droit politique et digne en même temps de représenter ses semblables. Ainsi le corps constituant a pour mesure la capacité et la moralité des personnes, et je ne vois pas qu'il puisse en avoir une autre. Sans entrer plus profondément dans cette question, je signale l'injustice qu'il y aurait à subordonner la qualité d'électeur au degré de la fortune. Tous les hommes, en principe, sont également intéressés à la bonne organisation

______

(1) Aristote dit que l'Etat est un fait naturel et l'homme un animal politique : ἄνθρωπος φύσει πολιτικὸν ζῶον.

sociale : tous ont les mêmes droits à défendre, et un droit, quel qu'il soit, est d'une valeur *absolue*.

II

Avant de parler de la procédure à suivre pour établir ou réformer une constitution, occupons-nous des pouvoirs constitués.

Quand il s'agit de ces pouvoirs, nous nous demandons immédiatement, dans les circonstances où nous sommes, de quelle manière on peut éviter les abus et les entraînements d'une Chambre législative. M. Laboulaye a proposé le dédoublement de la législature. Depuis longtemps cette idée a commencé de faire fortune dans la presse. Elle y a rencontré de vaillants adversaires : heureusement! Une seconde Chambre ne peut servir d'aucune façon à équilibrer les fonctions politiques. Un Sénat n'est ni un modérateur, ni un pondérateur, ni un conservateur : c'est une institution parfaitement inutile et très-coûteuse. Cherchons une application plus exacte de l'excellent précepte de Montesquieu : « Il faut que le pouvoir arrête le pouvoir. »

Ma conviction est que les trois pouvoirs tels qu'ils sont reconnus, le pouvoir législatif, le pouvoir exécutif, le pouvoir judiciaire, ne peuvent point s'équilibrer entre eux, de manière à garantir l'ordre et la liberté.

Hobbes, dans le *De cive*, prétendait que le despotisme, l'immobilité, l'anarchie, résultent toujours de l'accord ou de l'opposition réciproque des pouvoirs. Il est certain que les événements ne lui ont pas complétement donné tort. L'histoire ne nous apprend pas qu'on ait réussi quelque part à obtenir la liberté par la pondération des fonctions politiques.

L'auteur de l'*Esprit des lois*, étudiant la constitution anglaise, découvre le principe de la pondération des pouvoirs. Il le comprend mal et ne peut pas en conséquence en indiquer la véritable application. Depuis on la cherche ; et si on ne l'a pas découverte, ce n'est pas faute d'expériences !

Les Américains n'ont pas mieux réussi que les Français. Moins scrupuleux que nous sur la question de la séparation des pouvoirs, ils n'ont pas trouvé le moyen de les pondérer. Afin de ralentir le mouvement de leurs assemblées politiques, ils ont eu recours à l'expédient de la scission en deux Chambres.

Quel en a été le résultat ? Je réponds par une citation empruntée à M. de Tocqueville : « Les Assemblées législatives engloutissent chaque jour quelques débris des pouvoirs gouvernementaux ;

elles tendent à les réunir tous en elles-mêmes, ainsi que l'avait fait la Convention (1). »

L'établissement de deux Assemblées représentatives n'est donc pas le moyen de ralentir le mouvement de la législature, de mettre un frein à sa force envahissante, de donner à son action plus de mesure et de sagesse.

Devant un *pouvoir* très-puissant, les Américains n'ont pas mis un autre *pouvoir* capable de lui résister.

La pondération véritable dont Montesquieu a donné la formule doit être obtenue *par les pouvoirs eux-mêmes :* elle n'a été rencontrée nulle part. La stabilité aux États-Unis tient moins à l'organisation du pouvoir qu'à l'ascendant immense de la tradition, des mœurs et de l'esprit public. En France, où il est impossible de compter sur l'influence de l'opinion et sur l'homogénéité des tendances de la société, les trois pouvoirs politiques, dès qu'ils fonctionnent, sont presque abandonnés à eux-mêmes; en sorte que le gouvernement semble se mouvoir en dehors du peuple pour le bonheur duquel il a été établi et par lequel il se maintient. Mais comme les pouvoirs publics sont impuissants à se pondérer entre eux, il arrive que, depuis 1789, nous passons d'une forme de gou-

____

(1) *Démo. en Amérique,* t. I, page 147.

vernement à une autre forme, ne rencontrant dans aucune la garantie de la stabilité par la liberté.

Chaque jour la nation, par un étrange renversement des choses, en est aux prises avec ses mandataires. Après avoir nommé ses législateurs, elle subit leurs volontés. Le peuple fait acte de souverain quand ses fonctionnaires, devenus ses maîtres, le lui commandent ou le lui permettent et il retombe aussitôt dans l'inertie. Est-ce bien là une reconnaissance et une pratique vraies de la souveraineté nationale ? Pensez-vous que l'établissement du suffrage universel et ses périodiques apparitions suffisent au gouvernement du pays par le pays ? Non, sans doute. Et vous n'ignorez pas que le peuple ne sera le véritable souverain que lorsqu'il pourra manifester sa volonté à chaque instant, en toute occasion, quand il le jugera à propos. S'il n'a pas encore le moyen légal de commander régulièrement, pacifiquement, en toute circonstance, il n'est pas libre et partant il y a un vide dans les fonctions politiques : ce vide existe entre le pouvoir législatif et la souveraineté.

La souveraineté, qui n'est que la liberté considérée dans l'universalité des personnes, appartient au peuple. Celui-ci, par lui-même, ne peut point protéger ce droit et doit s'en rapporter à ses représentants naturels. Ces derniers, qui forment, comme nous l'avons dit plus haut, le corps constituant de la nation, se retrouvent ici et sous un nom différent pour exercer le premier pouvoir constitué.

Ce pouvoir, appelé *électoral*, a pour objet la nomination du législateur, comme le pouvoir législatif a pour objet la confection des lois, et le pouvoir exécutif, leur exécution.

Les dépositaires de la souveraine puissance *doivent*, en vertu du devoir de représentation que la nature leur a imposé, *faire par eux-mêmes tout ce qu'ils peuvent bien faire*.

Cette règle est fondamentale. Elle permet d'indiquer approximativement la compétence du pouvoir constituant et du pouvoir électoral. Son exacte application aura pour conséquence le perfectionnement de leur action jusqu'à ce jour incertaine, irrégulière et parfois déplacée par injustice ou par erreur.

« Les individus isolés, dit Aristote, jugeront moins bien que les savants, j'en conviens ; mais tous réunis, ou ils vaudront mieux, ou ils ne vaudront pas moins. Pour bien des choses, l'artiste n'est ni le seul, ni le meilleur juge, dans tous les cas où *l'on peut bien connaître son œuvre sans posséder son art*. Une maison, par exemple, peut être appréciée par celui qui l'a bâtie ; mais elle le sera bien mieux encore par celui qui l'habite (1). »

Les membres du corps constituant sont incapables de créer un système de gouvernement, mais peuvent être bons juges d'un système proposé. Voilà pourquoi le projet de constitution, œuvre de quelques élus, ne doit être une constitution définitive que s'il est adopté par les dépositaires de la souveraine puissance.

Il est évident que ces derniers ont la capacité voulue pour nommer le législateur et le surveiller: en conséquence, comme constituants, ils doivent se réserver le premier pouvoir constitué, le pouvoir électoral.

Élever un citoyen à la dignité de législateur, c'est faire choix d'un fonctionnaire responsable et révocable au gré des électeurs, bien qu'il soit d'un ordre très-élevé. Cette responsabilité et cette révocabilité supposent un contrôle incessant.

Ce contrôle pour être parfait exige que le pouvoir électoral trouve en lui-même le principe de mouvement indispensable à la liberté de son action. Le corps électoral, tant qu'il n'aura pas le moyen de manifester spontanément ses intentions et de retirer le mandat donné au législateur indigne, douteux ou incapable, sera réduit sous la puissance de ses mandataires. Pour le soustraire

(1) Arist. Pol., liv. 3, chap. VI, § 10.

à cette dépendance illogique et dangereuse, il faut créer pour lui une organisation particulière qui réponde aux exigences de son rôle. Voici exposée en quelques mots celle qui paraît être la plus simple et la plus conforme à sa destination.

Dans chaque département une Assemblée politique, ayant pour attribution spéciale de consulter l'état de l'opinion publique et de fixer le moment de l'élection quand les citoyens en feraient la demande par pétitionnement, serait à vrai dire l'âme du pouvoir électoral, le centre où toutes les volontés viendraient se réunir et se mettre en balance. Quand par leurs idées, leurs desseins, leur conduite générale, les législateurs seraient d'accord avec leurs mandants, rien ne viendrait troubler la marche habituelle des choses : dans le cas contraire, il serait facile au corps électoral de retirer à lui une puissance mal exercée en son nom; il aurait à sa disposition la voie régulière et légale du pétitionnement pour réclamer la convocation à des élections nouvelles.

La création de Conseils électoraux, placés au sein du peuple et subissant la pression de sa volonté, est une condition indispensable du progrès sans trouble et par la loi. Vainement on cherchera autre part que dans le pouvoir électoral ainsi organisé le pondérateur de la machine gouvernementale. C'est dans le peuple qu'est la souveraineté : c'est dans le peuple qu'il faut puiser tout élément de force et d'équilibre.

Comment fixer au corps électoral ces Conseils départementaux, puissantes machines destinées à lui imprimer un mouvement volontaire et spontané? N'est-ce point là un nouveau problème? Evidemment non. Institué pour être seul juge de l'opportunité des élections, durant la période pour laquelle chaque député aura été élu conformément à la loi constitutionnelle, le Conseil électoral sera électif, ses fonctions permanentes et son renouvellement par tête. Chaque conseiller, responsable devant ses électeurs cantonaux, sera nommé sur la convocation des citoyens par arrêté de l'assemblée cantonale où chaque commune aura un représentant.

L'organisation du pouvoir sera telle que, les électeurs agissant directement sur les membres de l'Assemblée cantonale, avec certaines formes il est vrai, leur volonté sera irrésistible quand ils voudront nommer ou remplacer un conseiller électoral. Ainsi le Conseil de chaque canton remplira relativement au Conseil départemental le même rôle que celui-ci à l'égard du député à l'Assemblée législative.

Dans le système que je propose chaque département aurait deux Conseils généraux : l'un administratif et l'autre politique.

Le Conseil politique remplacerait les conseils d'arrondissement et sa mission serait bien plus importante. Quant aux Assemblées cantonales, elles ne seraient en vérité qu'une bonne précaution prise contre les conseillers départementaux, et leur fonctionnement serait rare.

J'appelle l'attention publique sur le pouvoir électoral ainsi organisé. Ce pouvoir seul peut servir de modérateur à tous les autres.

III

Le pouvoir législatif doit être exercé par une Assemblée unique, permanente, se renouvelant par tête.

Une seconde Chambre n'est pas nécessaire pour modérer l'action de la législature : le vrai modérateur, c'est le pouvoir électoral. Celui-ci ne peut exercer un contrôle sérieux que sur une seule Assemblée. S'il y en avait deux. non-seulement il serait difficile de distinguer leurs travaux et de es suivre, il serait encore impossible de reconnaître à chacune sa part de responsabilité dans la confection des lois.

La responsabilité d'ailleurs est personnelle. Le Corps législatif doit donc se renouveler par tête. Il faudra bien alors. que chaque membre soit digne et scrupuleux dans l'exercice de sa haute et solennelle mission, sous peine d'être irrévocablement évincé ou rappelé à son devoir.

La loi trouvera une garantie de stabilité, d'unité, d'harmonie dans le renouvellement par tête et la permanence du Corps législatif. En oûtre, les élections générales sont une cause de trouble et de crainte parce qu'elles transforment subitement les situations. Moins redoutables que sous le régime passé, elles auraient toutefois à l'avenir le grave inconvénient de laisser pour un temps inoccupé le pouvoir législatif. Les intermittences dans une telle fonction mettent en péril tout le gouvernement : l'équilibre des pouvoirs en est théoriquement compromis et on peut aller jusqu'à dire qu'il l'est en réalité.

IV

Ici vient se poser naturellement le problème de l'organisation du pouvoir exécutif et de la nomination de son Chef.

Les difficultés qu'il présente ne sont pas inextricables, à moins que l'esprit ne soit obstrué par des réminiscences monarchiques.

Avant de proposer une édition nouvelle des

articles 43 et 45 de la Constitution de 1848, il m'a semblé prudent d'y bien réfléchir. J'aurais cru tout d'abord qu'il est plus rationnel de faire nommer le Président de la République par le suffrage direct : les bonnes raisons qui suivent, d'accord avec l'expérience, m'ont fait adopter au contraire la nomination du Président par la Chambre.

La compétence du législateur expire là seulement où commence l'application particulière de la loi. Or, le *règlement* qui, par son origine et son objet, appartient au domaine de l'exécution, est comme la loi un *commune præceptum*. Par ce caractère il pénètre dans la sphère de compétence du pouvoir législatif.

Le Chef du pouvoir exécutif doit donc être nommé et contrôlé par le Corps législatif, parce qu'à défaut de cette étroite dépendance, il pourrait par des règlements généraux violer la loi en feignant d'en assurer l'exécution. — Enfin, comme tout le monde s'accorde à le dire, toute précaution constitutionnelle prise contre le Chef du pouvoir exécutif, rival de l'Assemblée, s'il n'en dépendait pas, serait vaine. Armé de toutes les forces militaires de la nation, aucune puissance ne pourrait l'arrêter à temps dans ses entreprises ; il pourrait dicter la loi et au besoin la faire appliquer.

En supposant que le Chef du pouvoir exécutif

ne fût pas nommé par la Chambre, il le serait pro-
bablement par le suffrage universel.

Nous savons qu'en vertu de leur devoir de
représentation, les citoyens, dépositaires de la souveraine puissance, doivent faire par eux-mêmes
tout ce qu'ils peuvent bien faire. Je crois que les
électeurs sont capables de connaître si une Constitution est bonne ou mauvaise et d'exercer un
certain contrôle sur la conduite de leurs mandataires directs. Il est vrai que je considère les
électeurs, non tels qu'ils sont aujourd'hui, mais
tels qu'ils seront sous l'influence de la République,
c'est-à-dire éclairés et à la hauteur de leur rôle
social.

Quant à leur capacité pour la nomination du
Chef de l'État, honnêtement il faut en constater
l'évidente insuffisance. Il est moins embarrassant
d'apprécier un plan de Constitution que la valeur
intellectuelle et morale d'un homme, et d'un
homme supérieur surtout, qu'on n'a jamais fré-
quenté et peut-être jamais vu: Or, un peuple tout
entier peut-il seulement connaître assez la même
personne pour lui remettre sans imprudence la
direction du gouvernement? S'il ne le peut pas,
comment décider qu'il est capable de connaître à
la fois plusieurs hommes d'Etat, — d'apprécier le
mérite de chacun, — de les comparer, — et enfin
de faire intelligemment le choix du plus digne,

du plus habile, du plus éclairé auquel il confiera l'importante fonction de présider la République française ? Est-il sûr que le corps électoral en cette circonstance ne prendra pas « un nom pour un homme ? »

Remarquez en outre que la nomination du Président suppose sa destitution. A qui s'en rapporter pour l'accomplissement d'un tel acte, la destitution du Chef de l'Etat ? à une Assemblée ? C'est illogique. — Au suffrage universel ? Le corps électoral ne pourra jamais s'entendre. — Quand il voudra intervenir, il sera trop tard.

Le Chef du pouvoir exécutif doit être nommé et contrôlé par la Chambre. La révocation doit toujours être suspendue sur sa tête. Libre dans sa sphère particulière d'action et responsable, il entretiendra l'homogénéité dans le Conseil des ministres en les nommant et en les révoquant.

Nommé par l'Assemblée et contrôlé par elle, le Président n'en est pas le ministre. Son rôle est distinct de celui du législateur. Le principe de la séparation des pouvoirs n'est pas enfreint, bien qu'on l'ait prétendu. Ce principe signifie, non pas que les pouvoirs publics doivent être séparés dans leur origine, dans leur délégation, mais qu'ils doivent l'être dans leur pratique, chacun ayant un objet différent.

En 1848, M. Grévy ne comprenait pas d'une

autre manière la nomination et le contrôle du Chef du pouvoir exécutif et voici sa proposition : « Le Chef du pouvoir exécutif est élu par l'Assemblée ; il prend le titre de.... Il est élu pour un temps illimité. Il est toujours révocable. Il nomme et révoque les ministres (1). »

V

Le pouvoir exécutif, qui a pour objet l'application des lois, renferme deux puissances : la puissance administrative, qui a pour domaine l'intérêt public ; la puissance judiciaire, qui règle les intérêts privés.

Je ne m'occuperai que de celle-ci. — Quand Montesquieu s'est occupé de la pondération des pouvoirs, il a mis à part la puissance de juger comme « *nulle* » en quelque façon.

Il a, par conséquent, méconnu l'importance du pouvoir judiciaire.

La Constitution, œuvre du peuple presque tout entier, est la *loi* par excellence. Elle s'impose indistinctement à tous les sujets, même au législateur. Comme toute loi positive, elle serait

(1) *Moniteur*, 5 octobre 1848, page 2733.

un précepte inefficace, si elle n'était placée sous la protection d'un pouvoir chargé d'en assurer le respect. La magistrature est ce pouvoir : elle est par la force des choses appelée sur la scène politique pour y exercer son autorité *judiciaire*. D'abord, assistée du jury, elle peut sans inconvénient prononcer la peine portée contre l'infraction à la loi constitutionnelle. Que cette infraction soit une faute grave ou un attentat, il importe peu : la compétence du juge est incontestable. Mais la magistrature peut-elle encore, sans pénétrer dans la sphère du pouvoir législatif, refuser d'appliquer une loi *inconstitutionnelle* ? Je réponds affirmativement. Une telle loi est un non-sens ; la méconnaître, c'est obéir à la loi véritable, *lex legum*, et se dérober au législateur en défaut.

Ce grand pouvoir de l'État, appelé à réprimer les empiétements de la législature ou de toute autre fonction, ne pourra pas abuser de sa compétence et paralyser les lois quand elles ne seront pas inconstitutionnelles. Le juge, en effet, ne peut exercer sa puissance que dans un cas particulier, en prononçant sur une contestation dont il a été saisi : son arrêt doit être fondé sur la Constitution ou sur les lois. Si la loi est conforme à la Constitution, le magistrat est étroitement enchaîné par l'une et par l'autre et doit forcément appliquer la disposition législative ; que si la Constitution est muette sur le point spécial prévu et réglé par le législateur, le juge, dans ce cas comme dans le précédent, sera obligé de fonder son arrêt sur la loi, faute de la possibilité d'invoquer la Constitution.

Ici vient se poser la question de l'indépendance de la magistrature.

L'inamovibilité est pour le juge une garantie d'indépendance. Cette prérogative n'est pas à l'abri de toute critique, car elle dépasse le but pour lequel elle a été proclamée en garantissant au juge une indépendance absolue.

Dans la démocratie où l'impunité et l'arbitraire ne doivent avoir aucune place, il est illogique d'assurer au magistrat une liberté d'action tellement étendue qu'elle le rende irresponsable. L'homme est sujet à mille faiblesses : quelle que soit sa fonction, il n'est jamais infaillible.

Voulez-vous le protéger à la fois contre les passions politiques et contre lui-même ; l'affranchir de la crainte et en partie de l'espérance : promettez-lui l'inamovibilité *relative;* elle suffira.

La magistrature, y compris la Cour de cassation, nommée par le Président de la République, sera relativement à lui et à ses ministres, complétement inamovible. Les membres des tribunaux et des cours d'appel seront soumis au contrôle de la Cour de cassation : celle-ci aura le droit de suspendre ou de révoquer tout magistrat compromis ou dont l'impartialité pourra être sérieusement mise en doute. Quant à la Cour suprême, qui n'est pas une juridiction de jugement, elle sera, comme le Chef du pouvoir exécutif, dans la dépendance du législateur et révocable dans les cas prévus par la loi constitutionnelle.

Le principe de séparation des pouvoirs serait, dans ce système, parfaitement respecté, car le tribunal de cassation n'est pas un tribunal proprement dit : ses conseillers sont des jurisconsultes et non pas des juges ; sa mission n'est pas de régler les intérêts privés, mais de prévenir les divergences d'opinion et de doctrine qui détruiraient l'unité dans l'interprétation des lois.

La doctrine de cette société savante doit prévaloir sur celle des juridictions. Pourquoi ses arrêts, avec le tempérament qui va suivre, n'auraient-ils pas provisoirement la même force qu'avaient autrefois les arrêts de règlement ?

Chaque année un membre de la Cour, élu par ses collègues, dresserait un mémoire sur les difficultés rencontrées dans l'interprétation des lois, et après une discussion à l'Assemblée législative, assistée d'un conseil de jurisconsultes nommés par elle hors de son sein, les arrêts de la Cour suprême seraient maintenus ou abrogés. Périodiquement, les arrêts confirmés par le législateur seraient fondus dans nos codes : la loi se complèterait et s'améliorerait sans cesse.

Une Constitution qui ne détermine pas les moyens de réformer régulièrement les lois est imparfaite. Le législateur oublie la moitié de son rôle, la plus pénible et la moins brillante. Les textes s'entassent sur les textes, les incohérences se multiplient, l'étude du droit devient aride et superficielle, le juge, enfin, applique à sa façon des préceptes obscurs ou contradictoires.

Le système que je propose aurait l'avantage de pourvoir à la double nécessité de faire les lois et de les corriger. Bien plus, le législateur profiterait malgré lui de la sagesse pratique des magistrats, de la science des jurisconsultes, et des lumières de tous les hommes distingués, inconnus de la foule, et dont l'ambition n'est pas précisément de briguer les suffrages du peuple. Voilà une excellente procédure pour faire concourir à la confection des lois tous les talents et toutes les spécialités.

<h2 style="text-align:center">VI</h2>

Après cet aperçu général sur l'ensemble des pouvoirs, il reste à examiner le mode de fonctionnement du pouvoir organisateur de tous les autres, ou pouvoir constituant.

Seuls, les représentants du peuple, c'est-à-dire les citoyens appartenant au Corps électoral ou constituant, ont le droit d'exercer la puissance organisatrice de l'État. Il importe qu'ils soient consultés tout d'abord quand il paraît utile de modifier la loi fondamentale ou Constitution.

« Aux États-Unis, dit M. Laboulaye, le peuple seul peut corriger ou changer la Constitution.

« C'est ce qu'il fait au moyen d'une procédure réglée d'avance par la loi politique. Sous le nom de Convention, on élit une assemblée qui a pour objet unique de réformer la Constitution ou de faire une Constitution nouvelle. Cette Convention n'a de commun que le titre avec l'Assemblée, de sinistre mémoire, qui gouverna la France en 1793. Ce n'est pas une Chambre révolutionnaire, omnipotente, despotique ; c'est un pouvoir régulier légal, limité. — « Ce n'est pas une Assemblée législative ; ses membres ne sont pas des représentants, ils sont de simples délégués. Convoquée par une législature qui existe avant elle, qui subsiste auprès d'elle, et qui est destinée à lui survivre, la Convention n'a aucune autorité politique ; c'est un simple comité chargé de soumettre au peuple un projet de Constitution. »

« La procédure conventionnelle traverse quatre phases successives. — On consulte les électeurs sur la nécessité de convoquer une Convention. Si la réponse est affirmative, la législature décrète l'élection de l'Assemblée de réforme. Cette Assemblée rédige son travail sous forme de projet, et enfin ce projet est soumis à la ratification du peuple (1). »

Que peut-on faire de mieux en France ? Je ne vois qu'une modification à introduire dans la procédure adoptée par les Américains : avant d'être proposé à la ratification du peuple, le projet de Constitution devrait être communiqué aux Conseils politiques départementaux.

J'ai tracé en quelques pages et à grands traits l'ensemble du mécanisme gouvernemental en indiquant le rôle des pouvoirs qui le composent. Ma pensée dominante a été de signaler l'émancipation du corps électoral et l'organisation de sa puissance, comme une nécessité qui s'impose à la démocratie actuelle.

Les publicistes n'avaient pas étudié suffisamment le sens et la portée de ces expressions *électoral, principe électif, suffrage universel*, et le pouvoir électoral demeurait caché sous ces formules vagues et diversement comprises. Cependant était-il bien difficile de comprendre que la *nomination* du

_____

(1) *Revue des Deux-Mondes.* — Du pouvoir constituant, p. 804.

législateur est un objet auquel un pouvoir doit correspondre, comme le pouvoir législatif correspond à la confection des lois, et le pouvoir exécutif, à leur exécution ? Nos habitudes monarchiques nous ont empêché de réfléchir avec une entière indépendance d'esprit sur les conditions primordiales du gouvernement de la société par elle-même. Préoccupés surtout de la confection des lois, nous avons fait du pouvoir législatif le premier de tous les pouvoirs, tandis que nous aurions dû réserver au peuple une puissance dominatrice de toutes les autres.

L'heure est venue de réparer cette erreur.

Que désormais le pouvoir électoral organisé occupe sa place naturelle dans l'action régulière et combinée des fonctions politiques. Quand le gouvernement reposera sur cette base solide et qu'il y sera retenu par des liens indestructibles, on se gardera de jouer la volonté générale ou de tendre à l'usurpation de l'autorité souveraine. Ce n'est ni dans le pouvoir judiciaire, ni dans la division ou le renouvellement partiel du Corps législatif, ni dans l'opposition réciproque de la législature et du Chef de l'Etat. qu'il faut chercher la force régulatrice de la machine politique : c'est dans le pouvoir électoral.

G. F. G.

Paris, 18 novembre 1872.

www.ingramcontent.com/pod-product-compliance
Lightning Source LLC
Chambersburg PA
CBHW051358050726

47595CB00006B/2609